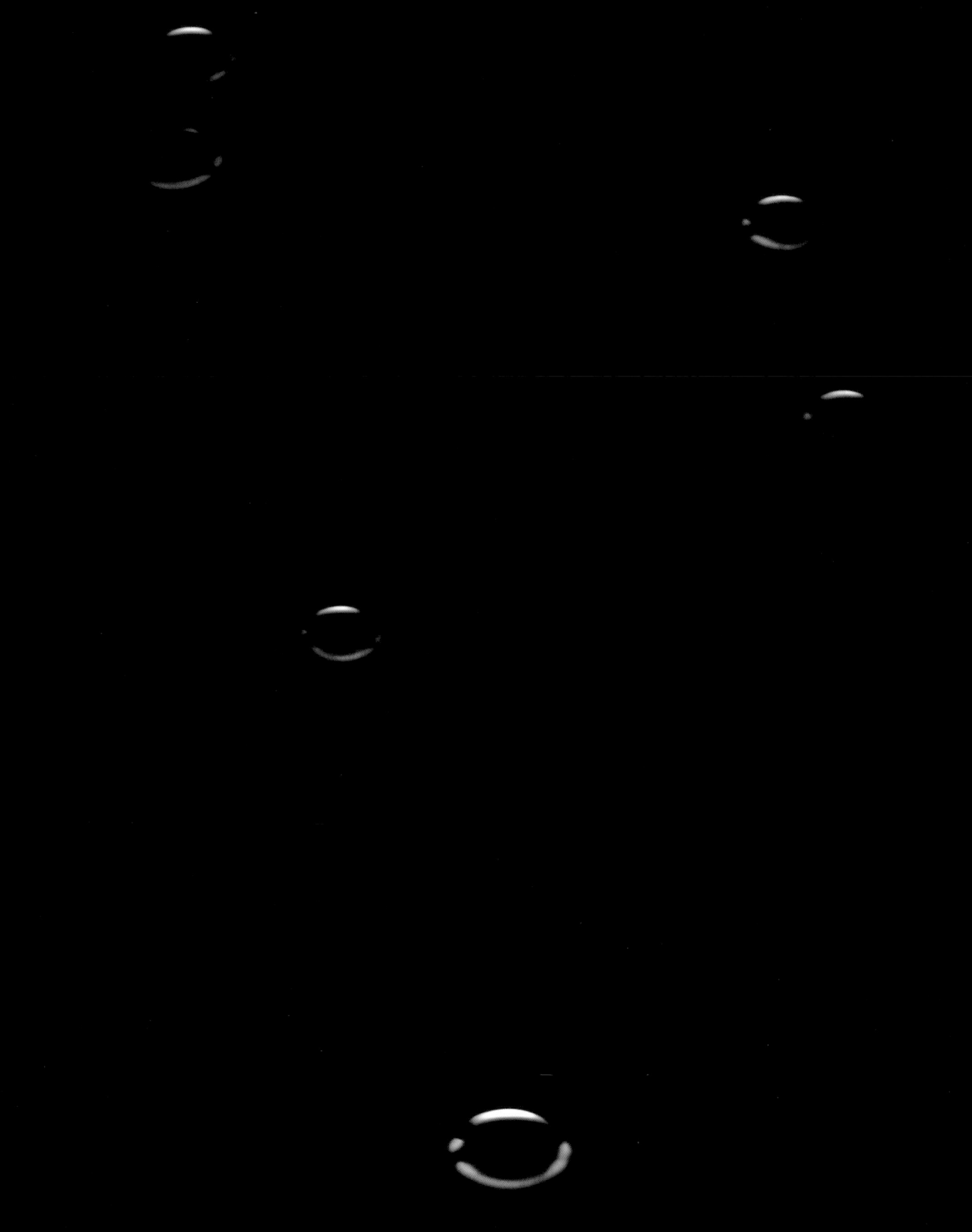

Rodrigo Pitta

Água, gasolina e a Virgem Maria

Arte:
Sandra Cinto

DIFUSÃO
CULTURAL
DO LIVRO

Copyright© 2002 do texto: Rodrigo Pitta
Copyright© 2002 das ilustrações: Sandra Cinto

Todos os direitos reservados. Nenhuma parte desta edição pode ser utilizada ou reproduzida – em qualquer meio ou forma, seja mecânico, eletrônico, fotocópia, gravação etc. – nem apropriada ou estocada em sistema de banco de dados, sem a expressa autorização da editora.

Editor de Literatura: Vitor Maia
Assistência Editorial: Gustavo Pavani F. da Hora
                      Pétula Ventura Lemos
Assistência de Comunicação: Paula Thomáz
Produção Executiva: Paulo Felisbino
Assistente de Produção: Guilherme Ribeiro
Preparação de Texto: Daniela Padilha
Revisão: Gislene P. Rodrigues de Oliveira
         Daniela Padilha
Ilustração: Sandra Cinto
Direção de Criação: Hector Hungria
Direção de Arte: Eder H. Martins
Capa e Projeto Gráfico: A3 design
Diagramação e Arte Final: Vinicius Rossignol Felipe
Fotos: Carlos Gama Junior
Fotos em Farewell e Nívro: Hector Hungria

Dados Internacionais de Catalogação na Publicação (CIP)
(Câmara Brasileira do Livro, SP, Brasil)

Pitta, Rodrigo
  Água, gasolina e a Virgem Maria / Rodrigo Pitta ;
ilustrações de Sandra Cinto. — São Paulo : DCL, 2002.

  1. Poesia brasileira I. Cinto, Sandra. II. Título.

  ISBN 85-7338-681-9

02-4508   CDD-869.915

Índices para catálogo sistemático:
1. Poesia : Século 20 : Literatura brasileira 869.915
2. Século 20 : Poesia : Literatura brasileira 869.915

Todos os direitos desta edição reservados à

DCL – Difusão Cultural do Livro Ltda.
Rua Manuel Pinto de Carvalho, 80 – Bairro do Limão
CEP 02712-120 – São Paulo/SP
Tel.: (0xx11) 3932-5222
http://www.editoradcl.com.br – e-mail: dcl@editoradcl.com.br

Agradecimentos especiais

Carlos Barsotti (de novo pelo som e o futuro) Andréa e Mia, Sandra Cinto, Waly Salomão, Hannah e Suzana Traldi, Márcio Guimarães, Vitor Maia, Paulo Felisbino, Tia Lúcia, minha madrinha Édina, Maria, Som Livre e Gilberto Gil.

Agradecimentos

Rosana Pereira, Ana Torres, Vanessa Gerbelli, Fernando Prata, Leonardo Neto, João e Lucinha Araújo, Hector Hungria, Guilherme Boratto, Horácio Brandão, Márcio B. de Mello, Glória Maria, Fábio Mendes, Guilherme Ribeiro, Nelcy Ávila, Beto e Mônica Pita, Marco e Carmem Deléo, Jorge Salomão, Margot e Pablito.

Rodrigo Pitta

Água, Gasolina e a Virgem Maria

Arte:
Sandra Cinto

DIFUSÃO
CULTURAL
DO LIVRO

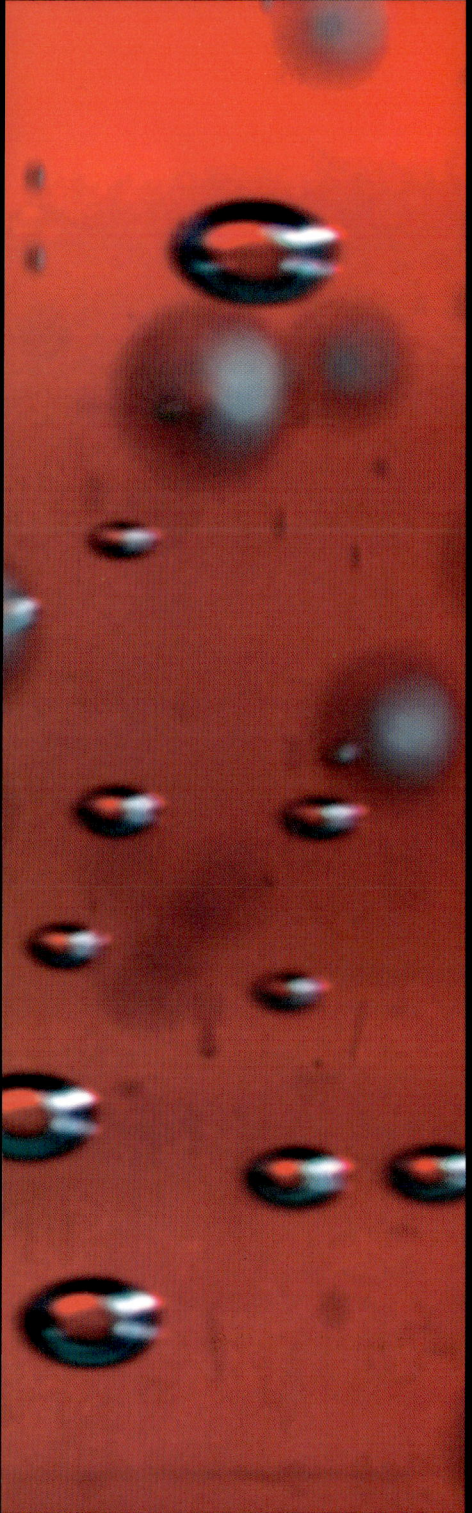

*Para minha mãe, Tereza,
meu pai, Carmelito, e minha tia Ophélia.*

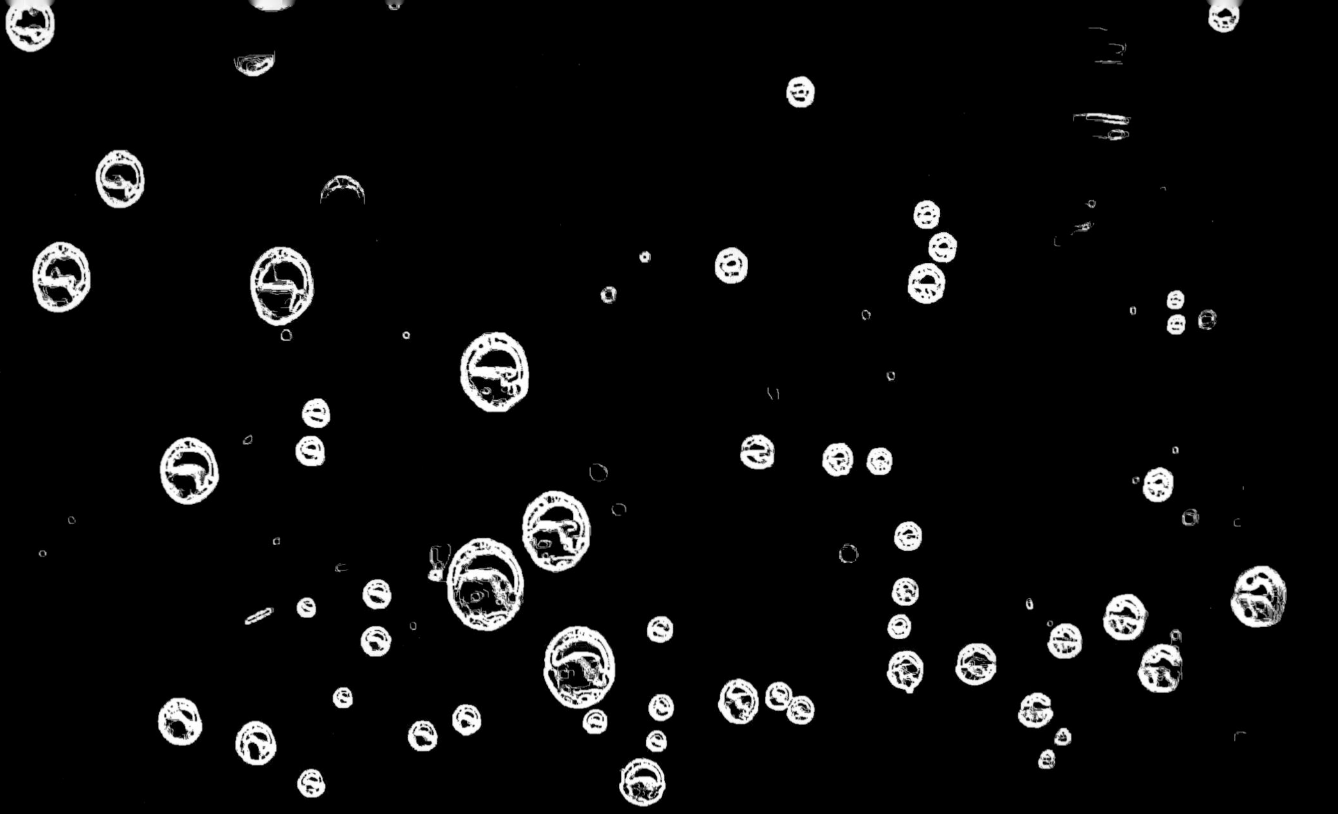

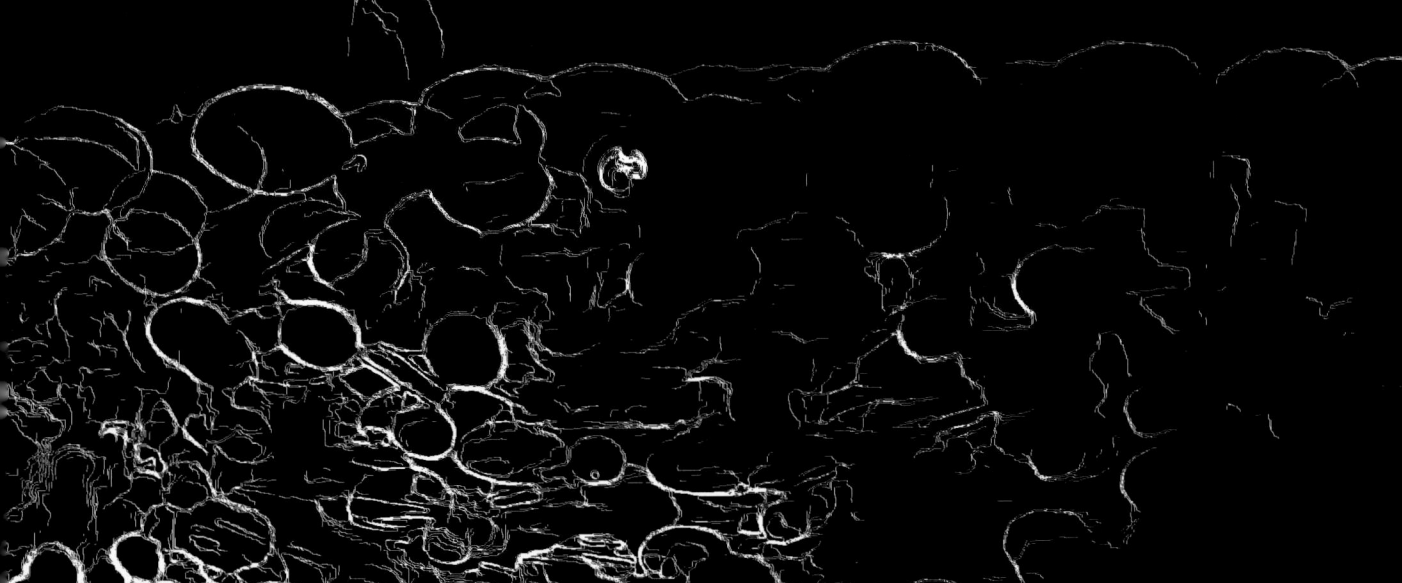

...embora no sonho revele um pouco mais de humanidade, como uma garrafa de água não inteiramente vazia.

Jack Kerouac (1922-1969)

Sumário

VESTIDOS DE MARIA 16
ÁGUA, GASOLINA E A VIRGEM MARIA 19
PRECE 20
MARIA, MARIA 21
APARIÇÃO 23
GERAÇÃO Z 25
O TRATOR, O SOL E O SABER 27
ESQUINA 29
MACAÚBAS 31
OSCARS 32
COCKTAILS AND DREAMS 34
ESTUDOS PARA ESTÚDIOS 36
GÊNESE 39
VINTE E 2 40
GODARD 42
CINEASTA 43
INCRÍVEL HULK 44
BALAS PERDIDAS 47
VÉRTEBRAS FRITAS 48
BELA E BÉLICA 49
FAREWELL 50
MULTAS 51
DUTRA 51
NIVRO 53

Um caminho, um caminhão

"Somos filhos de qualquer pai, qualquer mãe."

Uma geração zunindo na ponta de um cordão antes de aterrissar no chão, em vertiginoso vórtice, como um pião, brinquedo de menino sobrevivido. Ou uma geração zunindo na ponta de uma bala antes de penetrar um coração, em vertiginoso vórtice, como uma pistola, brinquedo de menino marcado para matar/morrer.

Os meninos negros que encontramos nos lugarejos do interior ou nos largos repentinos das favelas, zunindo piões ou pistolas; esses meninos negros escolhidos pela bola ou pela bala; esses meninos negros, cotidianamente sorteados nas casas lotéricas do des(a)tino; esses meninos negros "filhos de uma única palavra", a mesma única palavra, vida.

Que diferença pode haver para esses pequeninos seres humanos em formação, se a vida é a mesma, se a sorte grande é pião ou pistola?

Nenhuma, suponho, se tudo fosse apenas um rolar randômico de bolinhas numeradas sobre a mesa de um cassino. Mas não, a vida não é a mesma e a vida não é um cassino! A vida só se torna destino após ter-se feito caminho. A vida é feita, é fato, é ato de construção, de criação, pelos seres humanos já formados e para os pequeninos seres humanos em formação.

A escolha da poesia é uma criação de caminho, uma antevisão de destino. Querer ser e ser poeta é tomar nas próprias mãos a construção do mundo, a destinação da vida, o fabrico das finalidades.

Um menino negro como Rodrigo Pitta, escolhido pela poesia, sorteado para zunir piões e não pistolas, guiado pelas mãos dos mestres imortais por caminhos milenares da palavra encantada, apresenta-se aqui, mais uma vez, por meio desse trabalho de lavra poética, para levar adiante a tocha, a brocha, a broca, a roca e todo um caminhão cheio de ferramentas de fazer caminhos. Para meninos negros futuros. Para futuros meninos de todas as cores continuarem a abrir caminhos, que estarão cheios de caminhões cheios de ferramentas de fazer caminhos.

Gilberto Gil

Estamos todos vestidos, educados e polidos,
bem sentados, arrumados,
estudados e formados.
Estamos todos aqui para ouvi-lo,
à meia-luz ou luz do dia,
estamos jovens, por hora bonitos
e vestidos de Maria.
Vejam bem, não temos mantos.
Nossos terços são matemáticos.
Não somos milagreiros modernos,
somos a nova nação de "burrocráticos".
Dificultamos tudo, meu compadre,
da nova música ao novo livro,
da nova informação desmilingüida
aos temas líquidos da nossa cultura,
da nossa política de suco espremido...
O que nasceu primeiro? O ovo ou a galinha?
A melodia ou a harmonia? A letra ou a pensata?
A matéria ou o espírito? O fato ou o boato?
Os senadores ou os ratos?
Meu amor ou o teu coração?...
Estamos todos na Filadélfia, em um banco de
praça, onde a desgraça aparente é escondida,
é como resto de comida
ou barulho de privada.
Cansei de *sexy*-textos,
pretexto para dizer tudo assim
como eu quero.
Cansei de lero-lero, papo furado
e vírus na garganta.
Nem sempre o que se colhe é
aquilo que se planta,
e na Filadélfia, escolhida por acaso,
a palavra tudo, a palavra é tudo.
Não quero falar em outra fase,
porque é sempre o final
triste da metamorfose,
e não somos borboletas,
pelo menos alguns de nós não são.
Quem não é borboleta é mistério puro...
Voa também...

Aliás, que coisa não termos asas,
o avião é fruto dessa frustração,
é por isso que temos medo de que caia...
Quem aqui duvida de Ícaro
é o mesmo que ainda come açúcar...
Cafona, não detona meu esquema de dieta,
vai embora, idiota, sai voando daqui...
Se não tem mais horário, o problema é seu.
Dorme na rua, pega o primeiro de amanhã
ou "metamorfoseia" durante a noite,
vira de vez a borboleta que sempre fostes,
e voa de volta para a Filadélfia,
pousa no banco...
Descobri por que você
não tem asas nem casulo.
A nova fase é prosa, *baby*.
Acabou o vendaval de rimas sortidas,
rápidas e bonitas.
A fase agora é prosa, *baby*... Sabes prosear?
Só penso em escrever textos ridículos e
diretos; ainda combino com você?
Penso agora em linhas retas,
verdades mais cruas,
e se poesia, não mais concreta;
ainda combino com você?
Penso agora em outros países que fervem.
Que os Estados Unidos
vão para a pátria que os pariu.
Penso em não sair nunca mais do Brasil,
em só cantar o hino nacional,
promover bacanal e alimentar o meu QI...
Ainda combino com você?
Estamos todos vestidos,
sem véus, manjedouras ou Josés,
sem filhos bem nascidos ou sagrados,
sem terra prometida, sem vida milagrosa,
sem milagres nas montanhas
que acontecem à luz do dia.
Estamos, sim,
catequizados pela vida
e vestidos de Maria.

Água, Gasolina e a Virgem Maria

Um litro de gasolina é mais barato do que um litro d'água.
Será que a gasolina é mais vital?
Para um ser total que soma quase nada,
Eu vou andando por ruelas tortas,
Vou caminhando e sou guiado pela cruz.
Ruínas verdes, pedras colocadas,
Pela fresta do mosteiro um raio de luz.
Estamos mais perto de Deus,
Estamos mais perto dos seus últimos dias,
Estamos todos, sim, com falta de ar.
Para enxergar ou digerir filosofias,
Eu rezo todo dia, eu choro todo dia,
Peço lucidez à Santa Luzia,
Sou guiado pela Virgem Maria.
Quer melhor terapia?
Quer chamar um cara como Freud para explicar?
Quer melhor idolatria
Do que fanatizar só virgens?
Um pouco de Coca-Cola é mais barato que fazer metáforas.
Tomar *chá de coca**, sem tomar geral.
Viva a dispensa do mundo!
Mil vivas para a América Latina!
Vivas para a não-chegada do dito progresso!
Esse é o nosso sucesso.

2002 © Sigem ltda.

(*) Chá comumente utilizado nos países andinos para amenizar os efeitos da altitude.

PRECE

Valha-me Deus!
De tanta gente idiota que tem no mundo,
de tanta gente imbecil que não sabe o que faz,
de tanta gente que chama quem sabe
aproveitar de vagabundo.
Valha-me Deus!
De tantos verbos empregados errado,
não só pelos empregados,
não só pelo teu legado.
Valha-me Deus, calha-me Deus,
cala-me, Deus do céu.
Estou mais para vítima do que para réu,
mais para *cool* do que para batido,
mais para idiotizado do que para metido.
Valha-me Deus!
Pois não nasci de uma vaca,
minha carne é muito fraca,
mas também é filé *mignon*.
Valha-me Deus!
Enterra minha cabeça entre as suas pernas,
me impera os sentidos,
desliga o som.

MARIA, MARIA

Estive pensando em ti, Maria, ave.
Não, não estava rezando, pensava mais em tuas
outras formas, outros reflexos...
Estive pensando em teus mantos, assumo.
Mas não para cobrir o outro fruto possível
de teu bendito ventre, livre.
Santa Maria! Mãe de Deus?
Venho a ti pedir novamente pelos pecadores,
pois só mesmo bendita como és
podes rogar por nós,
não somente agora,
em processo de Nossa Senhora.
Rogai por *pops*! Ótima!
E vestida de Fátima,
também na aurora de nossa morte...
Amém.

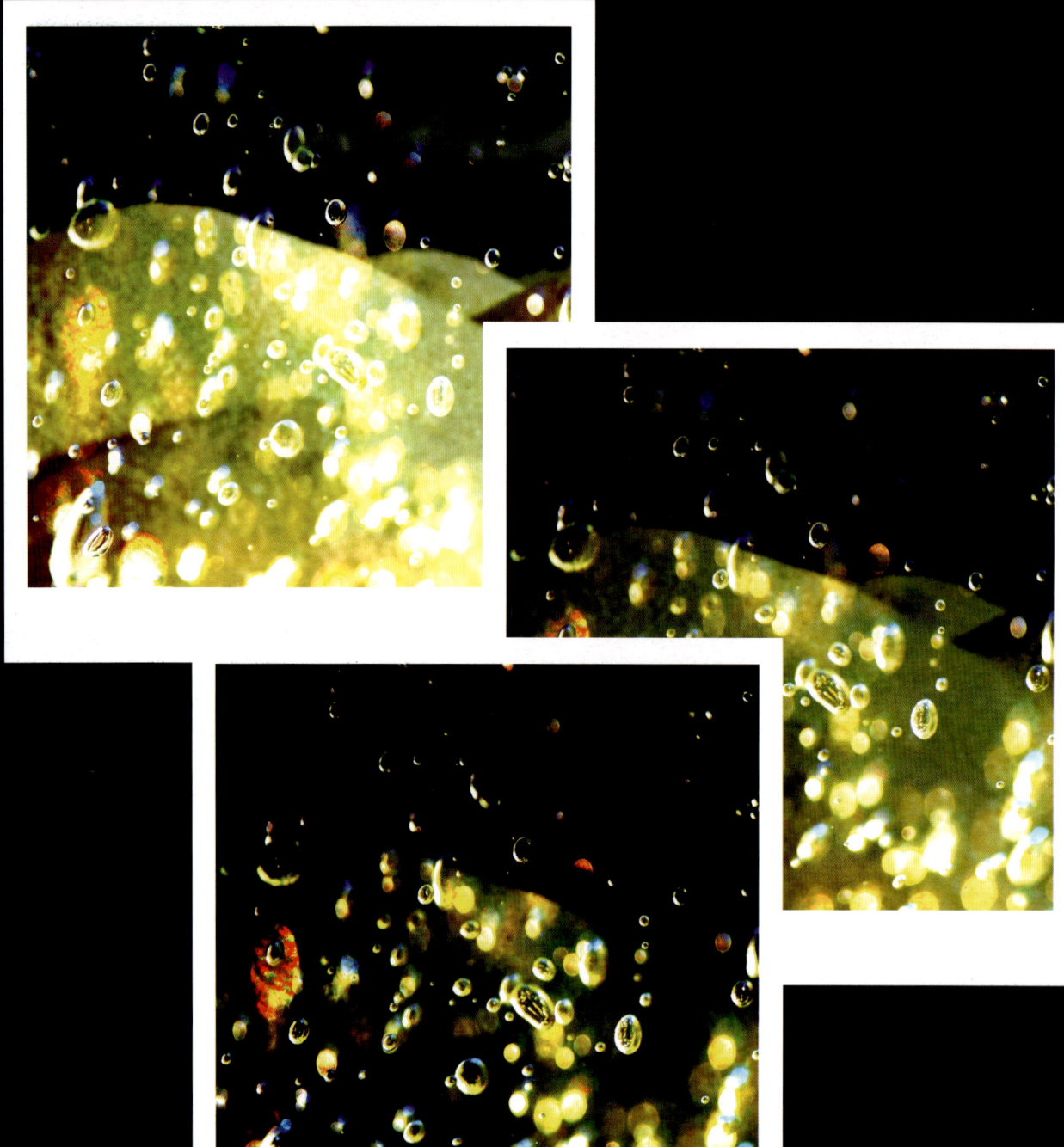

APARIÇÃO

Grandes absurdos e pequenas razões,
pegue a câmera, Astrud, vamos registrar!
Cada fotografia servirá para contar no futuro
um pedaço de nossas vidas,
grandes encontros em esquinas e farmácias.
Nunca mais me esqueci daquela oração,
muito obrigado, você não pode imaginar
quantas graças eu recebi com ela...
Melhor do que fita de Senhor do Bonfim no pé,
santinho de Santo Expedito ou políticos...
Pegue a câmera, Astrud, vamos registrar!
Não me faça rir, que camisola é essa?!
Está na hora de dormir?
Cada fotografia servirá para registrar
os inúmeros comprimidos que
tomamos juntos, lembra...
Grandes abismos e pequenas colinas,
grandes absurdos e pequenas razões.
Nunca mais me esqueci daquela prece...
Quantas noites dormi melhor depois de orar
olhando para aquele papel de pão...
Pegue a câmera, Astrud, vamos registrar!
Não estamos na *Sacre Coeur*,
diga logo o que você quer!

Se você é batista,
vamos dançar em uma outra pista,
um outro lugar melhor, com uma outra batida,
caminhar pelo *dance floor*...
É madrugada, sem um *flash* não se vê nada.
É madrugada, com um *flash* não se vê nada.
Nunca mais esqueci daquela oração:
Atenção, menina de 24 anos,
comum, véu na cabeça,
uma criança nos braços.
Em sua certidão, o nome do marido,
José, 28 anos.
Não falamos muito em José...
Esta é uma história feminista...
José aqui é Zé-Mané.
Esta história é feita para mulher,
esta trajetória inverte a noite pelo dia...
Não há espaços vagos para José,
só morada e vestidos para Maria.
Pegue a câmera, Astrud!
Pegue a câmera e vamos registrar!
Cada fotografia servirá para dizer
a todos os outros do mundo
que somente nós vimos Maria... Maria...

GERAÇÃO Z

Filhos daquela não.
Nós somos filhos dos filhos da bossa.
Ave, Senhora nossa,
outra religião,
filhos de qualquer praça.
Nós, os filhos de vossa
caridade de gente boa,
filhos desta nação.
E quem não pia mais alto e não voa
não ecoa o som tão belo, belo som.
Quem nunca sai pelado e rouco na garoa?
Quem nunca parte como bolha de sabão?
E quem não muda para o espaço, outra cidade?
Barbaridade estar sozinho no salão.

Quem nunca diz que diz pra ti somente a verdade?
Quem nunca mente a idade é ancião.
Filhos daquela não.
Nós somos filhos da Xuxa,
filhos de Bob Marley,
da mãe televisão,
filhos de uma única palavra que não tem rima,
somos filhos de qualquer pai ou qualquer mãe.
E quem canta o que toca pelas rádios
e não curte o bom do som, o bom do som?
Quem não checa o Ibope hoje é otário.
Quem tem motivos para andar na contramão?
Flutua neste coração...
Flutua neste coração...

O TRATOR, O SOL E O SABER

Paraíso de bem querer
Fertiliza de bom azul,
Faz do meu senso parecer
Da minha paranóia *blue*.
Me encontra no entardecer,
Vem vestida para matar
E me cala o sutil sofrer,
Esta pétala amarga.
Tu me ensaia compadecer
Ser um mártir em plena cruz
E ao abrir os meus olhos ver
Tua esplêndida e eterna luz.
Essa intrépida sensação,
O julgar, o não entender,
Toda estranha demolição
Que aniquila este estranho ser,
Que é você
O trator, o sol e o saber.
E mesmo que sangre,
Eu estou tão alto
Que já não consigo mais ouvir
Teus gritos no asfalto.
Você me chama e cai.

E o final desse ato:
Paraíso de bem querer,
Nuvens feitas de hiatos,
Você reclama e sai,
Desfaz nosso contrato
E resolve tudo sem querer,
Fazendo de tudo para esquecer
Que é você
O trator, o sol e o saber...
Na cabeça só estava preso pelas correntes,
A alma tinha ido embora no dia anterior,
Já existia um vácuo entre as nossas respirações
E um segundo olhar datava tudo e qualquer
Coisa que poderia sentir a partir daquele ponto.
Tinha a nítida sensação de ter sido deixado
Em uma das paradas daquela estrada,
Sentado ao meio-fio, revendo o pôr-da-lucidez.
Não havia mais sol, é claro,
Nem tampouco estava destinado às trevas.
Minha cabeça dava giros em platôs atômicos,
Nada mais adequado para o clima desértico
Da minha alma de Mad Max, Mad Max...

2001 © Sigem ltda.

Fui à padaria comprar dois maços de ódio,
e já volto para te ver.
Tem algumas coisas que ainda não ficaram
muito claras entre a gente.
Estive te enganando este tempo todo
e você nem percebeu... me perdoa vai.
Continuo o mesmo, não tem jeito.
Nunca vai ter, eu acho,
ela me chamou de cíclico.
Se ser cíclico é não ser quadrado,
ela está certa. E ele também.
É só uma fase. Vai passar.
Tentarei ser menos passional,
menos ainda, prometo.
Fui sozinho até a padaria
e resolvi andar mais um pouco.
O dia está bonito e vou aproveitar.
Faz tempo que não faz um sol assim,
vou aproveitar, volto em breve para te ver.
Hoje vou sentar na frente dela
e fumar um dos meus maços.
Tchau, um abraço.
Mais do que isso não posso te dar,
me perdoa vai.
Não existe um saldo positivo
em meio a tantas dívidas internas.
Tudo está quebrado, nova fase de elos desfeitos.
Vou tratar de resolver. Vou me tratar.
Não duvidem de que sou louco,
mesmo que de louco eu tenha pouco.
Esses, os verdadeiros, rasgam dinheiro.
Fui até a padaria,
de lá resolvi andar mais um pouco,
vou parar em frente à casa dela, oras...

ESQUINA

O dia está bonito.
Faz um tempão que eu não vejo o sol,
ou tomo uma.
Se ser cíclico é repetir fatos passados,
ela está errada e ele também.
Eu serei assim, sempre assim...
Enfim... afim.
Tentarei te contar tudo hoje na hora do almoço.
Bateremos um papo.
Bateremos os copos.
Viraremos a mesa.
Quebraremos a cara,
ou somente a minha.
De novo...
Hoje quero sentar na frente dela
e talvez fumar o outro maço.
Se der tempo,
tocarei naquele assunto, droga...
Não falarei em drogas pesadas,
pois ela sabe que não sou adepto.
Sou mesmo adepto da sexualidade livre,
faço na hora o que me dá vontade.
E não teria por que não fazer,
num dia tão ensolarado como esse.
Vou andar pelado no parque.
Acho que desisti de ir até a padaria.
Não sei se é falta de educação,
mas esqueci de perguntar
se você queria alguma coisa.
Sei de antemão
que você não quer coisa nenhuma.
Nem leite nem pão, mágoas ou geléias.
Nem café, chocolate, requeijão ou mortadela.
A culpa é dela, eu sei.

MACAÚBAS

Lembro-me apenas de Macaúbas.
Vislumbre de infância,
cabelos raspados a zero,
tias no muro,
saudades, eu juro,
meus pais na Europa.
Estou sendo sincero.
Odiei-te, Bahia. Mesmo, sabia?
Como posso agora adorar-te assim?
Quando o assunto é ti,
sou moderadamente incondicional.
Se é normal, não sei.
Se é maluco, beleza.
Mas vivo da certeza das visitas que matam saudades
da minha rainha soberba e terra da felicidade,
maldade as milhas que me distanciam.
Mas quando um corte mostra o que corre em minha veia,
sou feliz nas encostas brancas
e morros de areia clara.
Nem por Nara nem por nada
deixaria de ser-te só ouvidos. Batuques.
Prefiro água de coco, mas também gosto de Evian...
Hã?
Evian, voar amanhã
e cair na Bahia.

Cannes se curva como nunca a Hollywood.
Não sei se tenho mais saúde para suportar
teus filmes velhos de romance,
teu sonho brega de virar alguma coisa.
Tem gente que precisa sofrer para aprender,
sobreviver a tudo para amar.
A Broadway se curva como nunca à Bahia.
Não sei se sou tão cara-de-pau para esconder
que o meu louvor à terra prometida a ACM
não tem nada a ver, nada a ver com você.
Mas Ipanema grita, louca como nunca.
Copacabana disse que ia, mas não estava lá,
nem a onda em preto e branco deu as caras,
nem o azul que se perdeu no teu olhar
e aquelas flores, que pareciam tão bonitas,
e o calçadão, que frita ovo, frita ovo.
É bom te ver de novo, grita logo que gozou.
E Ipanema grita, e Ipanema solta e sussurra:
Olha que coisa mais linda,
olha que coisa mais linda.
Poesias chegam pelo celular no calçadão,
que frita e torra o teu nome à beira-mar,
que frita e torra o teu nome...
Alô, alô, pós-moderno!
Aos que cultuam suas molduras e seus ternos.
Alô, alô, veteranos!
Aos loucos que olham tão loucos para o céu,
alô vocês, marcianos...
E dá alô da piscina e diz alô aos teus matos.
Acostumei com teus maltratos, violão.
Alô para Elis Regina... alô, alô da Narcisa,
piscina, piscina do Copa.
Falemos português, falemos português.
Não sei francês, *avec plaisir*.
Falemos então português,
porque o nome certo dela é vaselina
e a volta toda é rima.
A vida é real, a vida é real,
falemos português,
o teu francês não rola,
pode pegar mal,
a vida é real...
Alguém me avisa que tu fostes para ficar
e me deixar tempos de fora, Ipanema.

OSCARS

COCKTAILS AND DREAMS

Cocktails and dreams
Estrada afora.
Cocktails and dreams
A taste of tomorrow.
Cocktails and dreams
Out of pain or sorrow.
Cocktails and dreams.

Surfing with green shades.
Copacabana.
Como é bacana ver o sol,
Como é bacana.
Cocktails and smiles
Inspire Ipanema,
Sons do Brasil,
Tons de Iracema.

Cocktails and bells bells
Tudo é tão reto e plano sobre ti.
Vejo só Niemeyer.
E quem não vê?

Quando já são seis da manhã,
Estamos no Rio,
Estamos no Rio.
Retrato automático do Brasil,
O três por quatro do Brasil.
Estamos no Rio,
Gol no Maracanã.

And this is our first song
And if what I told you may be wrong
Better listen,
This is our first song, first song
And this is not the end,
This is not the end, my friend,
This is just the hot sand
Of Copacabana.

Cocktails and dreams.
Cocktails and dreams.
Cocktails and dreams.
Cocktails are dreams.

2002 © Sigem ltda.

ESTUDOS PARA ESTÚDIOS

Todo tipo de transa,
Todo tipo de código.
Eu cansei de ser sempre
O teu filho pródigo.
Outro tipo de transa,
Outro tipo de código.
Vou sair para o médico
E o remédio é você,
Cruzarei mares pra te ver.

Todo tipo de *tape*,
Todo tipo de imagem.
Eu cansei de ser só carrossel das tuas viagens.
Outro tipo de *tape*,
Outro som de bobagem.
Vou para o vôo das onze
E a passagem é você,
Vou trocar de passaporte para te ver.

Vamos então retroceder,
Vamos esquecer de tudo,
Deixar tudo pra lá...
Adivinha com que palavra
O teu nome pode rimar!
Ele rima com malas, feitas,
Prontas pra embarcar,
E da janela do uníssono avião
Eu vejo você gritar.

Palavras pra lavrar baladas.
Palavras pra lavar a alma.
Palavras pra manter a calma.
Palavras pra nos livrar da solidão.
Palavras-chave pra costurar uma canção.
Palavras para o que se sente.
Palavras para o cartão do seu natal,
Palavras para o teu presente.

Tipo dos teus correios,
Todo tipo de entrega.
Já cansei de teus textos,
Tuas rimas tão bregas.
Outro tipo de carta.
Vou seguir à farmácia,
Vou saber de outras rimas,
Esquecer de você
E de sons que nunca chegam até lá.

Vamos então retroceder,
Esquecer que fomos tudo
E agora somos cada.
Adivinha que a liberdade
Por si só não sabe rimar!
E não rima com nada, solta,
Voa, mas não sabe voar
E da janela que dá para o coração
Você vai me ouvir gritar.

Não podemos sentir o que sentimos.
Não podemos mais fechar
O que um dia abrimos.
Não podemos ser mais gente, o ego nos censura.
Não podemos ser inteligentes desta altura.
Não ser democratas nem aristocratas, não.
Não podemos ser felizes,
Não podemos ser babacas.
Não podemos ser livres, nosso rabo é preso.
Não podemos ter sonhos e nem pesadelos.
Não podemos ignorar, matar ou morrer.
Não podemos nos esconder nem aparecer,
Nem matar ou morrer, nem matar ou morrer.
Estudos para estúdios,
Linhas para pipas de voar,
Lanternas pra acender no escuro.
Idéia de verão, idéia de inverno,
Lanternas pra acender no inferno...
Ouvi dizer que lá não venta.
Ouvi dizer...

2001 © Sigem ltda.

38

Gênese

A cria da cria da tia,
a prima da cria da cria,
a estranha deste roda roda,
sobrinha cria um outro dia
no samba desta gênese, remota,
no passo certo da sua cria torta.
Alegria, alegria,
para sua filha não tem cura.
Alma pura cria ditadura,
a Dita está dura,
mas vem trabalhar de dia
para dar o pão nosso de cada,
não importa se o que ela cria não tem nota.
Dita nunca disse nada, dita nunca escreveu.
Dita nunca disse nada, dita nunca será como eu...
Prazer, eu sou um hipócrita.
Prazer, e venho ser eu mesmo através da escrita
e que a verdade seja dita, quem cria o quê?
Você sempre foi um parasita
e que a verdade seja frita.
Você sempre foi a cria, sempre foi maldita
e a sua sorte é que você é sempre vista,
só quem é cego e sente mais o cheiro vai dizer
que a cria da cria da tia,
a estranha é deste roda roda,
e a tua poesia, os teus ataques
estão tão fora de moda,
gira o mundo entra na roda,
vira a cara e fecha a lista.
A cria da cria da tela, cria dela
eu vou dizer...

Vinte e 2

Vista-se com seu texto mais bonito
e venha dançar no meu baile gramatical.
Só não apareça com as jóias
de sua literatura infantil
ou com as pérolas do seu modernismo retrógrado,
pois já estou bêbado de seus papos sobre Oswald
e você muito louca com suas visões de Tarsila.
Ainda não entendi o porquê de seus *drinks* cheios de Andrades...
E das tuas orgias cheias de pontos de interrogação...
O DJ insiste em tocar Os *Lusíadas*,
mas já não curto mais o som do Camões.
Claro, eu não vou deixar de evocá-la.
pois, sem você, minhas clássicas festas modernas
não passam do prólogo.

41

GODARD

Da gorda quero girassóis.
Da gorda quero soluções.
Da gorda um filme de Godard.
Fazer amor sem engordar,
fazer cantigas sob os raios do luar,
sentar e prosear
sobre amores e dietas,
poesias abstratas e loucuras mais concretas,
sobre como nós, tão redondos,
moraríamos em Creta?
Eu e você na esfera mais completa,
repleta, repleta, "repitta", repleta.
Da gorda quero emoções,
da gorda quero os heróis,
da gorda quero os amores
e não mais os girassóis,
pois esses murcham com o tempo,
por isso não pertencem à eternidade.
Mas de vez em quando, à noite,
exalam perfume de verdade,
Vaidade, amor, vaidade,
está tão gorda a pesadinha...
Me preocupo com tua idade,
pois como as flores do jardim
não pertences à eternidade.
É verdade, é verdade
e que a própria seja dita.
Se não fosse tão bonita,
seria quadro de Botero?

CINEASTA

As borboletas reaparecem,
no sítio e nas ruas.
Ele andava de *walkman* no ouvido,
cabisbaixo, casou-se.
Não teve coragem de me ligar...
Escafandrista social...
A mulher mergulhadora.
Espera, ainda tem mais:
ele vai ter um bebê, ou melhor, ela...
Parece papo de psicopata,
tratando de quem se trata,
ou melhor, de quem não se trata.
Ele me abraçou.
Derramou duas ou três lágrimas.
Precisamente duas, uma de cada olho.
Minha vó sempre me disse
que todo sem-vergonha tem a lágrima perto do olho.
Aceitei o convite de ir até o apartamento
dele e da mergulhadora,
não era no Cairo, claro.
Era na esquina da antena da MTV.
O Cairo foi por água abaixo,
ou melhor, por óvulo abaixo
e o esperma e as economias viraram bebê.
Um dia acontece,
você acorda e vai dormir
e quando acorda não é o mesmo
que foi dormir, nunca.

Incrível Hulk

Estranho este verbo, separar...
Estranha esta sensação de *forever young*.
Estranho sentir-se potente.
Tudo é muito estranho.
Eu sou estranho, você é estranho.
Éramos estranhos ao mundo dos outros.
Aliás, somos estranhos a tudo o que não é nosso.
No fundo, é sempre o mesmo mito.
Troca de corpo, de língua, de gosto, de país
e continua o mesmo,
e o estranho de tudo isso
é um misto-quente de chão com virtudes óbvias.
Não posso dizer agora e não posso dizer ainda...
Seja bem-vinda, nada me estranha,
se é bom ou ruim...
Aliás, nunca sei entre um e outro.
Só mais quebra-cabeças,
puzzles nos brindes de Musli,
gêmeos pedem carona.
Chove muito, eu não paro.
Eu pago pra ver você solucionar,
no fundo é sempre o mesmo mito,
está escrito, não tem como mudar,
estranho sentir-se potente.
Mata molhada, serra na primavera,
pasto de sonhos, seus olhos abertos,
dia da criança...
Sensação de incrível Hulk.

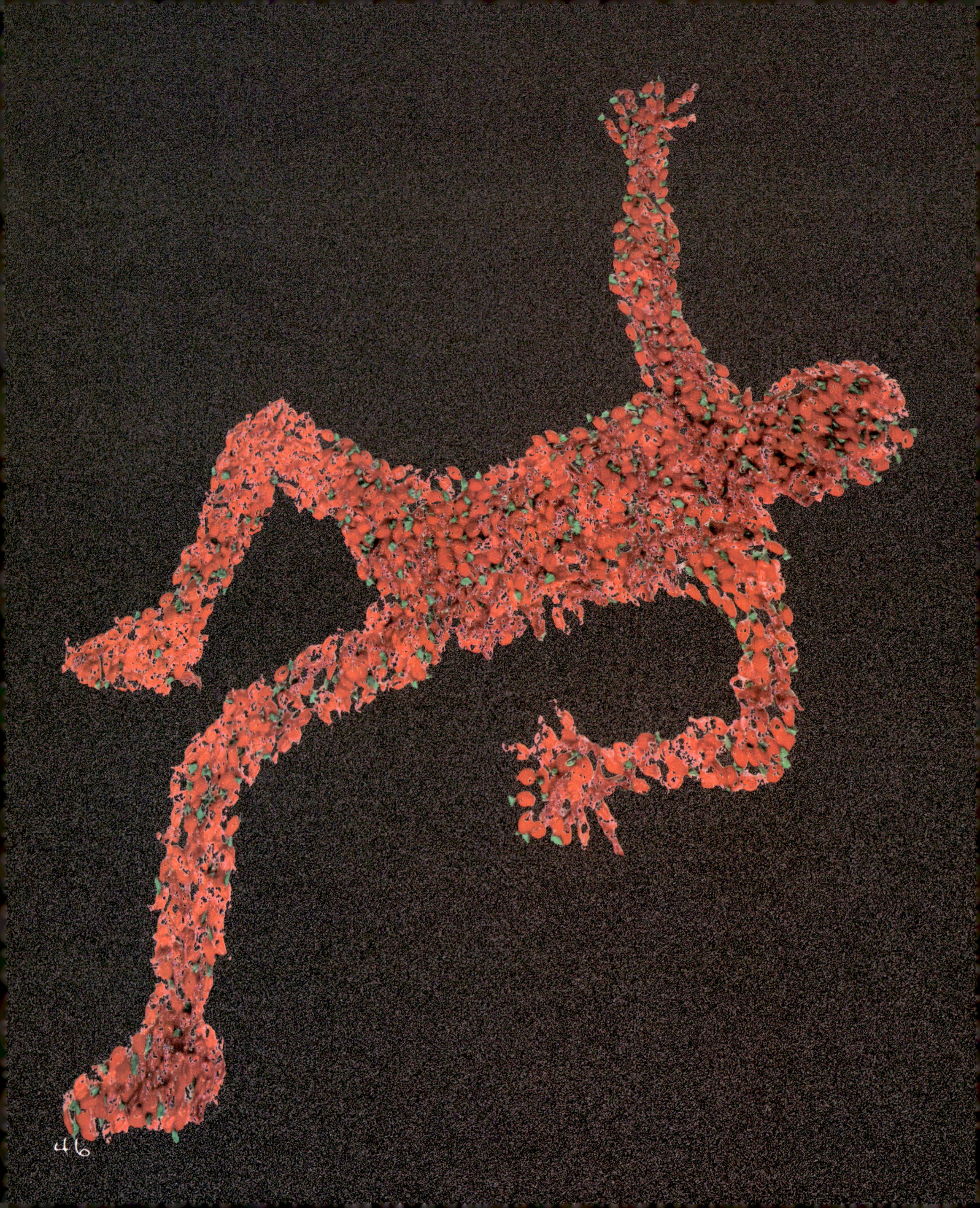

Balas Perdidas

Eu queria chupar balas perdidas.
Eu queria morrer enquanto ainda tenho vida
Para ver o que você vai ver,
Para ser o que eu gostaria de esquecer.
A vida pode se tornar tão chata,
As viagens podem ser sem graça,
O luar nunca acontece antes do entardecer
E você só descobre se viver, que pena...

Você não vale nada.
Você não vale o prato que come.
Você não mata mais a minha fome.
É triste, mas agora vejo em paz que já acabou.
E o que restou?
Somente frases feitas e arrogantes.
Você será sempre o mesmo de antes,
O mesmo de sempre...

Eu queria acampar nas tuas feridas,
Te fazer sofrer pelo resto da tua vida,
Ver-te acabar,
Ver o teu castelo podre se desmoronar.
A morte pode se tornar tão chata,
A morte pode vir a ser um gole seco
Da tua própria cachaça
E você só descobre se viver, que pena.
Que pena...

VÉRTEBRAS FRITAS

Falamos então sobre tempo e espaço
e sobre como flutuamos na atmosfera
que criamos.
Sou hidrogênio e pronto.
Elemento por elemento, prefiro assim.
Alguma hora o fogo pega
e fica impressionante, alto e amarelo,
depende de quem ele queima na hora.
Não vejo o azul de chama fria,
de céu de estrada,
de outros veludos ou nos teus olhos,
simplesmente porque eles são negros
como os meus.
A histeria que era o bom,
agora chora menos que o cavaco.
Sempre haverá espaço para sambas de
amor nesta arte de palavras.
Às vezes ele vem diluído
que nem açúcar na água,
ou a própria palavra água,
diluída no espaço cru do vento.
Se é que existe mesmo
este espaço ou este tempo
para tentarmos nos conjugar sozinhos.
Somos verbais mesmo,
não há substantivo que nos faça parar de
sangrar desatados.
(*Olhar parado de quem pensa por um
minuto antes de responder.*)
Senhor Inspiração,
melhor do que o passado não há.
Servirão de exemplo,
ou em jantares futuros:
vértebras fritas, suspiros de assar e a
sensação doce de caos no forno.

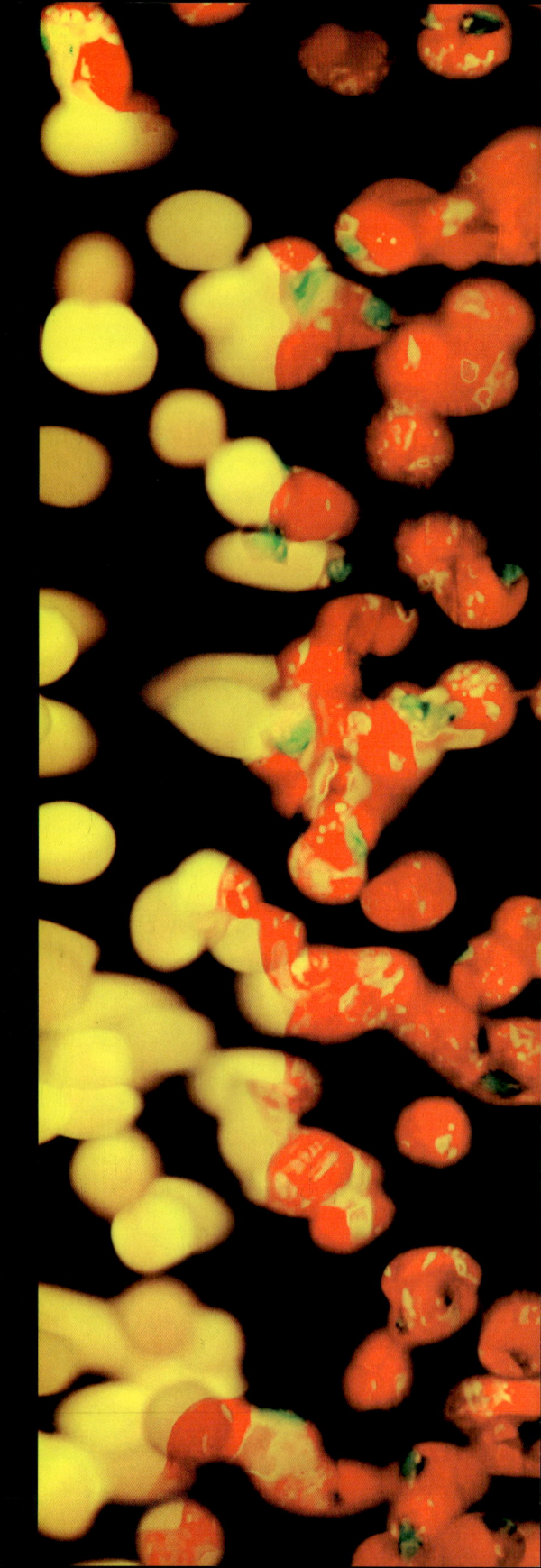

BELA E BÉLICA

Vemos uma luz no fim do túnel,
a mesma luz da gênese, início do dia.
Não estamos mais em vinte e dois,
deixa pra depois o que em nós dois é moderno,
deixa pra depois o que em nós dois é eterno.
Dois patinhos na lagoa, a dois passos do inferno.
Discos voadores de hélices,
sobrevoando cidades-satélite, cidades-poesia.
Tudo em ti é muito reto, solo plano, planejado,
outros planos no Planalto, outras vistas do cerrado,
pouca água na garrafa, pouco tempo no passado,
poucas horas, minha vida, dois segundos a teu lado.
E poesias de metal que vêm de outro planeta,
tudo é tão descomunal na capital de proveta.
E se querer é o teu poder, a rampa eu subo e tenho a chave.
Fazemos pacto sideral do nosso amor espaçonave,
o resto fica quando eu estou sozinho aqui.
Teus sinais de vida e forma, tuas obras acabadas,
os caminhos construídos no meu céu que vira estrada.
Tudo é pouco colorido, *flash-backs* vêm do nada
quando olho tuas estrelas que iluminam madrugadas.
Só não és mais faraônica porque não temos faraó,
mas, por si só, arquitetônica,
estou sozinho e por si só.
Só não és mais parabólica porque não temos mais visão,
mas, por si só, és bela e bélica.
Estou sozinho e, por ti, só meu coração.

FAREWELL

Quando todos nós partirmos,
quem ficará acenando no cais?
Ou ostentando o desdém que
é na verdade saudade?
Esperando o talvez do que é fadado a jamais.
Corram de volta ao solo fértil,
terra firme, fetos ingratos.

Venham por pena de volta ao ventre livre,
de onde saíram descalços por não terem sapatos.
Cheguem calados, sorrateiros,
e sorrateiros ponham as mãos
sobre minha cabeça.
Não tão quente compressa,
apenas dê-me tempo para que meça
o tamanho da imbecilidade ao deixá-los partir.

MULTAS

Talvez em uma outra ocasião,
sem um tostão no bolso.
Talvez em uma outra vida, encarnação,
eu morra de desgosto, coração.
Ao ver-te, então sozinho,
na sombra do meu caminho
caído do ninho.
Tentando entrar bem em março,
teu jeito de astro,
fugindo pro espaço da canção.

E a vida que você sustenta,
teu charme de anos noventa,
não há esquerdas nesta vida, coração.
Estamos em mão dupla,
o supra-sumo vai de ré na contramão
em marchas tão sem culpa,
a multa da vida, as multas da vida,
feridas tão caras,
luxo pro meu coração.
Que não resiste a nada.

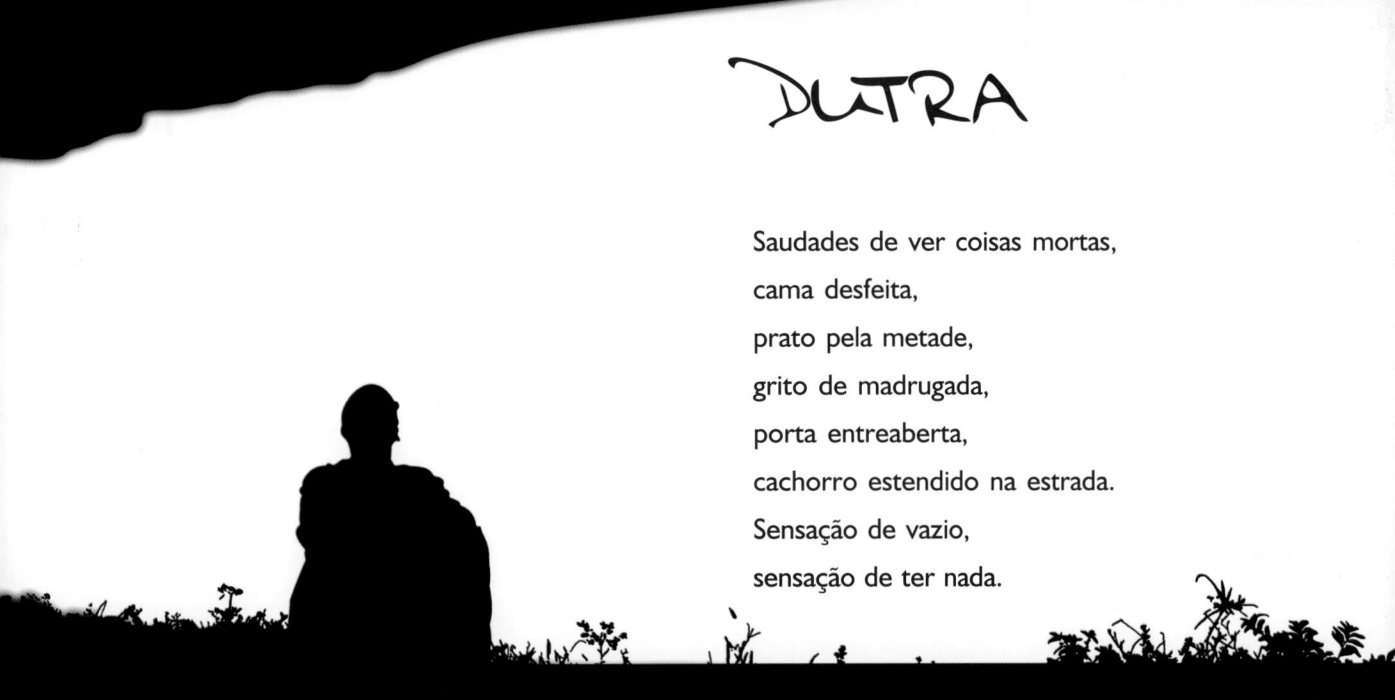

OUTRA

Saudades de ver coisas mortas,
cama desfeita,
prato pela metade,
grito de madrugada,
porta entreaberta,
cachorro estendido na estrada.
Sensação de vazio,
sensação de ter nada.

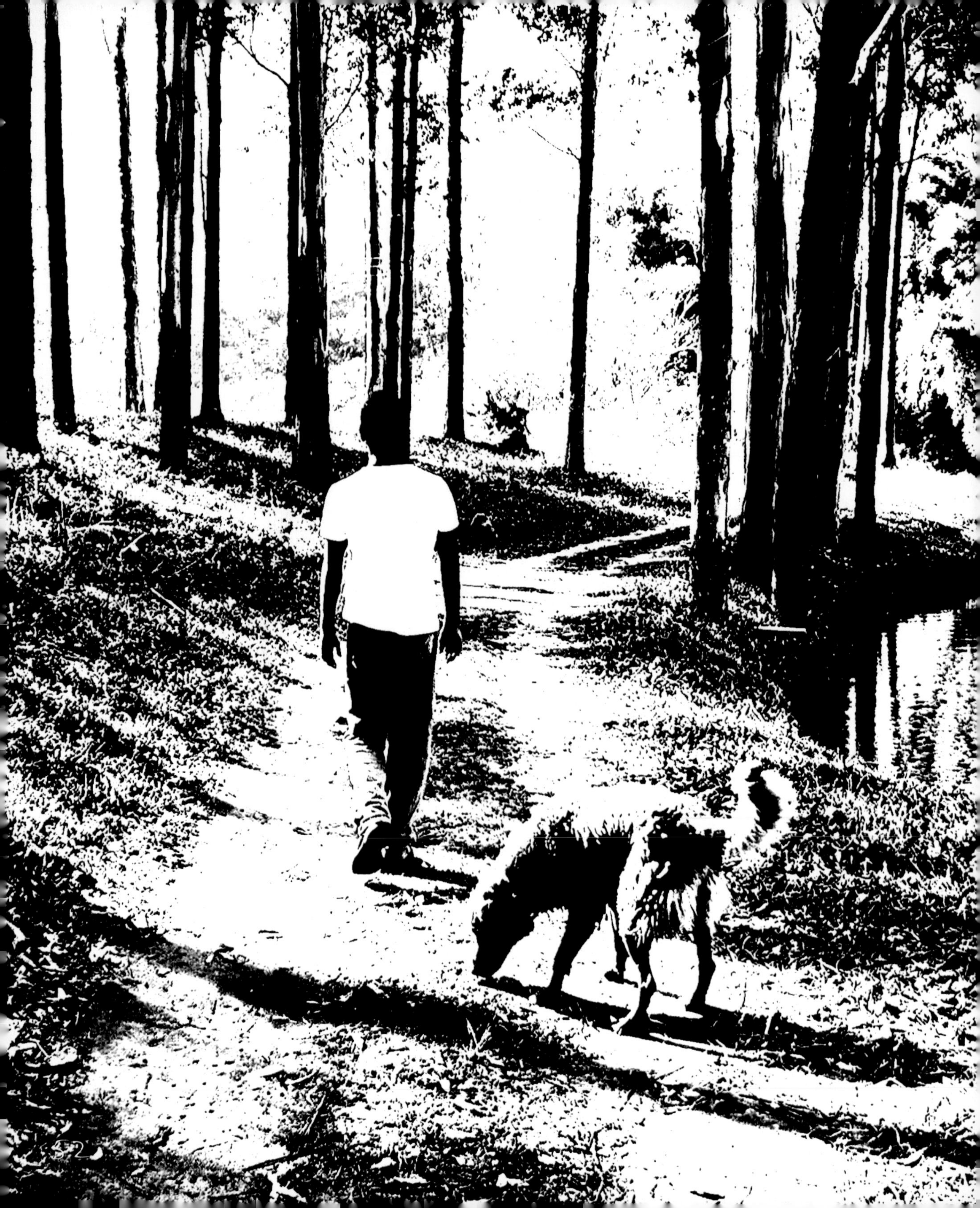

Vem me mostrar outros caminhos,
me fazer tomar outras decisões,
transformar no que é concreto
esta centelha de ilusões, amor.
Se em um dia como aquele
te encontrasse, e não a ela,
te abraçasse ao invés de ir embora...
Te dissesse o que era óbvio,
discursasse o que é notório,
o não complicado, o divino, o simplório.
Construísse rimas pertinentes,
se soubesse ao menos as palavras,
encontrasse pelo menos a correta vertente
para te dizer o que senti.
Naquele momento podia lê-lo como ninguém,
como ninguém até hoje pode acreditar.
Te via como um livro,
talvez menos transcendente, mais táctil.
Folheei com rapidez as páginas mais tristes,
pois sabia que nunca leria o prólogo.
Pulei de propósito para as partes mais rimadas,
engraçadas e tão bem sacadas,
que apreciaria uma enciclopédia de você.
Percebi de repente que dividia minha leitura
com outros olhos atentos...
Fechei o livro, mas as orelhas de estrada, do
tempo, de outras leituras e outras bibliotecas,
impediram a quebra da narrativa.
Você já tinha o poder de se abrir sozinho
e mostrar ao seu mais atento leitor, naquele
momento, suas páginas mais interessantes.
E era tudo poesia,
tudo noite, tudo dia,
tudo claro, tudo nua,
tudo rima e partitura.
O final da tarde seria nosso inimigo.
O celular, se tocasse, soaria como bomba,
o cinema já marcado parecia um castigo.
E as conversas paralelas,
do cenário composto por amigos,
surgiam de tempo em tempo,
como interferências onomatopéicas,
desinteressantes e intermináveis.
Saí de lá com a dúvida literária,
romântica por excelência,
questionando se encontros como este
são saudáveis...
Pois livros sempre têm donos, sempre têm
um número, um prefácio ou prateleira.
Imaginei tentar outro exemplar,
de outra maneira,
em uma outra biblioteca.
No fundo, sei que cópias de clássicos só
encontramos em pequenos sebos, pequenos
cantos, às vezes menores do que um coração.
Mas para te ler, vou virar ladrão,
pois quero você na minha cabeceira,
estante, prateleira.
Vou mandar editar especiais de bolso!
Carregar-te-ei para lugares calmos,
discutiremos teus provérbios, teus salmos.
Serás do tamanho dos meus minutos
de sabedoria!...
De volta à sala. Nova bandeja na mesa.
Deu o horário.
Com certeza, preciso ir. Droga...
Onde vou achar este livro de novo, pensei...
Resolvi então eternizar nestas linhas
as saudades, expectativas,
o clímax, as páginas meio amassadas,
a poesia genial do teu olhar, da tua música, dos
amigos-obstáculos...
Cataloguei como bom bibliotecário da vida
um dos clássicos mais interessantes que já li.
Acabei por descobrir novamente o porquê da
minha predileção por períodos românticos a
períodos realistas-naturalistas:
faz falta fabular, eu sei.
Se não te encontrar de novo, prometo:
vou simplesmente escrever um.

54

Rodrigo Pitta nasceu em São Paulo em abril de 1976.

Filho de baianos, esteve sempre ligado às artes e à cultura, desenvolvendo seus talentos nos palcos, estúdios e em suas andanças pelo mundo, transformando-se em um artista multimídia.

Iniciou sua carreira profissional como diretor e dramaturgo aos 18 anos, apósestudos nos EUA e Europa, dedicando-se à produção de espetáculos musicais no Brasil. Em 1996, fundou a CBTM (Companhia Brasileira de Teatro Musical), consolidando o gênero no país e realizando montagens de sucesso como *Pocket Broadway* (96/98), *Cazas de Cazuza* (2000) e o musical-filme *Modernidade* (2002).

Paralelamente, Rodrigo Pitta desenvolveu sua obra como poeta e compositor.

Água, Gasolina e a Virgem Maria reúne poesias, textos, letras, músicas e artes plásticas.

56

Sandra Cinto nasceu em Santo André em 1968.

Adora o trabalho como artista, gosta muito de viajar e conhecer pessoas e culturas diferentes.

É formada em arte plásticas e é professora de desenho. Já participou de exposições como a 24° Bienal de São Paulo(1998), II Bienal de Artes Visuais do Mercosul(1999) e do Programa anual de exposições do Centro Cultural São Paulo(1992 e 2002).

No exterior, participou da mostra Elysian Fields, no Centro Georges Pompidou na França, XXVI Bienal de Arte de Pontevedra, na Espanha (2000).

Água, Gasolina e a Virgem Maria (Rodrigo Pitta)
2002 © Sigem ltda.
voz - Rodrigo Pitta
violão - Márcio Guimarães
baixo - Sérgio Carvalho
lap steel guitar - Luiz Carlini
(guitarra havaiana)
zabumba - Guilherme Boratto

Incrível Hulk
poema interpretado por Vanessa Gerbelli
programação eletrônica - Guilherme Boratto

Balas Perdidas (Rodrigo Pitta/Márcio Guimarães)
2001 © Sigem ltda.
voz - Rodrigo Pitta
guitarra e bateria - Guilherme Boratto
baixo - Sérgio Carvalho
violão - Márcio Guimarães

Esquina
poema interpretado por Fernando Prata
programação eletrônica - Guilherme Boratto

Estudos para Estúdios (Rodrigo Pitta)
2001 © Sigem ltda.
voz - Rodrigo Pitta
violão - Kiko Perrone
baixo - Sérgio Carvalho
guitarra e bateria - Guilherme Boratto
violinos - Alejandro Ramirez
            Helena Imasato
viola - Glauco Imasato
violoncelo - Gustavo Lessa
arranjo de cordas - Guilherme Boratto
percussão - Orlando Costa e Peu Meurrahy

Aparição
poema interpretado por Rosana Pereira
violão - Kiko Perrone
vocal - Rodrigo Pitta
programação eletrônica - Guilherme Boratto

CD produzido por Guilherme Boratto
Produção Executiva - Paulo Felisbino
Direção Artística e Geral - Rodrigo Pitta

59

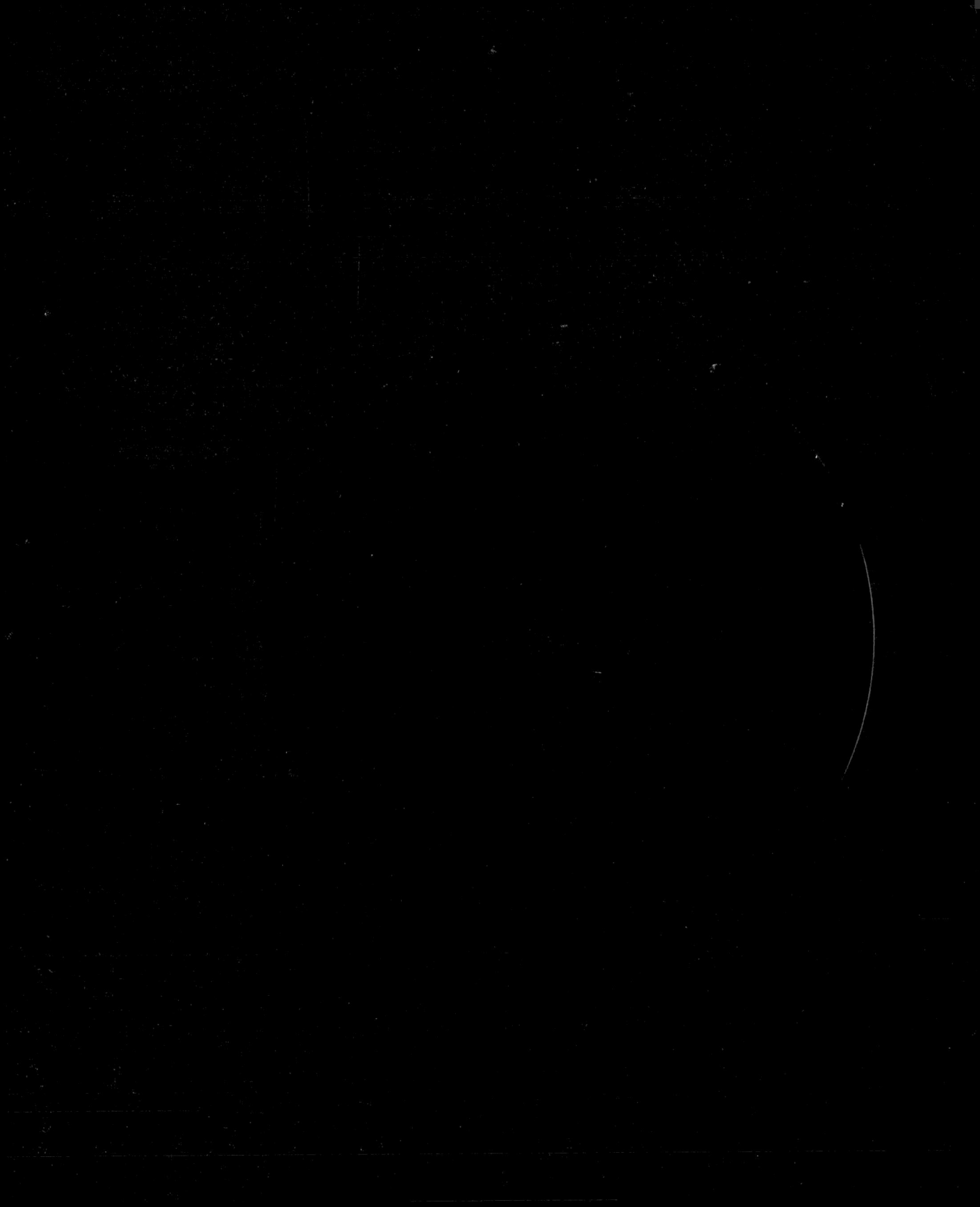